DICHTER BIJ DE SEIZOENEN

Ook verschenen van
Bette Westera en
Henriette Boerendans:

Aap Beer Zebra
Ik wil een wiegje worden, zei de wilg

Bette Westera & Henriette Boerendans

DICHTER BIJ DE SEIZOENEN

GOTTMER
Haarlem

INHOUD

HAIKU
LENTE

Bleekblauw bloesemblad
dwarrelt door de lentelucht
en kietelt de klei

MAART

LENTEDANS

Op brekebenen danst het door de wei.
Een knotje witte wol met roze oren.
Omhoog, omlaag, naar voren en opzij.
Een knotje witte wol, vannacht geboren.

De moeder ligt er grijs geworden bij.
Nog even en dan wordt ze weer geschoren.
Op brekebenen danst het door de wei.
Een knotje witte wol met roze oren.

De akkers worden wakker, in de klei
boetseren oude ploegen nieuwe voren.
Nog even en dan wuift hier weer het koren.
Wie vindt dit jaar het eerste kievietsei?
Een knotje witte wol met roze oren!

RONDEEL

APRIL

LENTEKRIEBELS

Vlinders die eerst rupsen waren kruipen
In de warmte van nog bleke zonnestralen
Nieuwsgierig uit hun
Coconnetjes.
Een vroege koninginnenpage vliegt haar
Net ontloken leven
Tegemoet.

Vlijtige bijen vinden in
Amandelbloesem
Nectar zoet als honing.

Gras wordt groen.
Overal schilderen narcissen bermen geel.
Groot hoefblad kleurt oevers roze, en in tuinen geuren
Helderblauwe hyacinten er lustig op los.

MEI

GEHAKKETAK

In de bossen
klinkt het kloppen
van de grote
bonte specht,

die een gat gaat
hakketakken
waarin zij haar
eitjes legt.

SPiCHT

HAIKU

ZOMER

Zoemende bijen
en geen wolkje aan de lucht
Zo is de zomer

JUNI

LANGSTE DAG

De zon wil maar niet ondergaan.
Er valt nog veel te veel te zien.
Twee oortjes in het hoge gras,
een reekalf, pasgeboren.

Er valt nog veel te veel te zien
daar in dat hoge, groene gras.
Een reekalf, pasgeboren,
tussen gele boterbloemen

in het hoge, groene gras.
Het ziet zijn moeder vredig grazen.
Tussen gele boterbloemen
kijkt het reekalf naar haar uit.

Het ziet zijn moeder vredig grazen.
Met alert gespitste oren
kijkt het reekalf naar haar uit.
Stil blijven liggen, zei de moeder

met alert gespitste oren,
in de struiken loert de vos.
Stil blijven liggen, zei de moeder,
als het nacht wordt mag je drinken.

In de struiken loert de vos,
twee oortjes in het hoge gras.
Pas als het nacht wordt mag je drinken.
Langste dag, de zon wil maar niet ondergaan…

PANTOUM

JULI

Zomer
Zinderende hitte
Op verschraalde heide
schuilen schapen in de
schaduw

Beek
Badderend baardmannetje
drie duikende dodaarsjes
en een koor kwinkelerende
vinken

Helder
Geen wolkje
aan de hemel
behalve een dansende wolk
muggen

AUGUSTUS

ZONNEBLOEM

Hoog op haar stengel
overziet zij de akker.
Wiegend in de wind

smeekt zij de grijze wolken:
ga opzij, ik wil zon zien!

TANKA

HERFST
HAIKU

Onder een deken
van blad wacht de winterslaap
Warm welterusten

SEPTEMBER

WIE

Zwaar hangt de rijpe appel aan haar tak.
Dan valt ze op de grond. Als ik haar pak
zie ik dat iemand mij is voor geweest.
Wie was het die zijn snavel in haar stak?

OKTOBER

ONDER DE DEKENS

Oktobermaand. De zon verliest haar kracht.
Een eekhoorn rent geruisloos door het bos.
De blaadjes aan de bomen krijgen rimpels.

Twee vliegenzwammen breken door het mos.
Het meesje pianissimoot zijn pimpels.
De vos kruipt in zijn hol en houdt zich schuil.

Kastanjes worden dof en krijgen dimples.
De roodborst fliereﬂuit, er roept een uil.
De dag verdwijnt steeds vroeger in de nacht.

De tomeloze zomer heeft zijn langste tijd gehad.
De aarde mag gaan slapen onder dikke dekens blad.

NOVEMBER

WINTERSLAAP

In mijn veilige bedje van blad
dat ik helemaal zelf heb gemaakt,
in mijn veilige bedje van blad
word ik lekker niet koud en niet nat.
Maakt niet uit of het vriest dat het kraakt,
ik slaap door tot de aarde ontwaakt,
in mijn veilige bedje van blad.

RONDELET

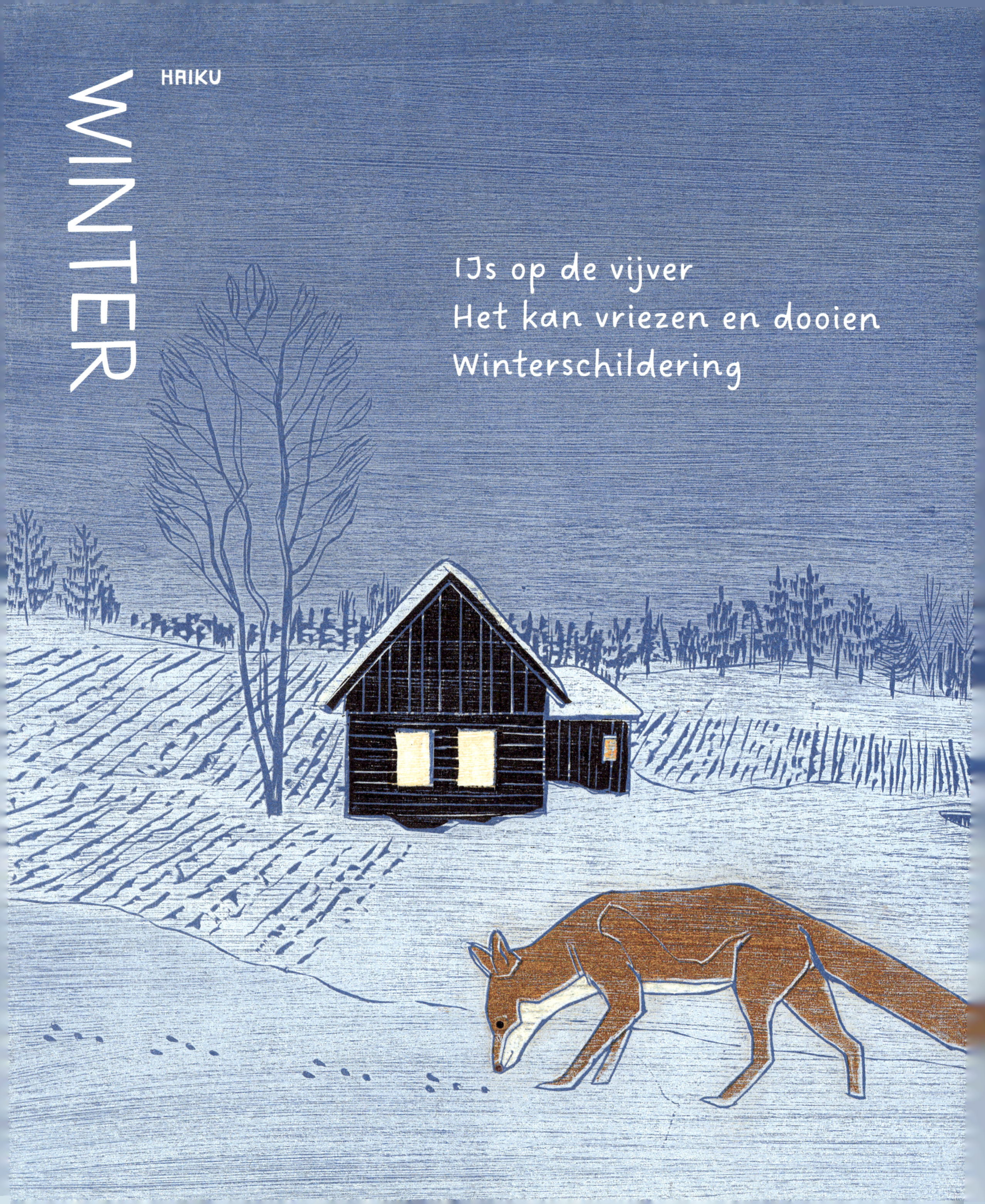

HAIKU

WINTER

IJs op de vijver
Het kan vriezen en dooien
Winterschildering

DECEMBER

THUISBLIJVERS

Zie je ze vliegen,
mijn ooms en mijn tantetjes?
Wij zijn de blijvertjes.
Wij gaan niet mee.

Wij vinden hier onze
winterversnapering:
pindarisotto en
zadensaté.

OLLEKEBOLLEKE

JANUARI

WINTERLANDSCHAP

Wit
Witter dan wit
Zo wit als de staart van de gans
De sneeuwwitte staart van de gans in de wei
De staart van de grazende gans in de winterse wei.

Zwart
Zwarter dan zwart
Zo zwart als de hals van de gans
De nachtzwarte hals van de gans op het ijs
De hals van de gans in het gitzwarte wak in het ijs.

Grijs
Grijzer dan grijs
Zo grijs als de flank van de gans
De gevleugelde flank van de gans in het riet
De flank van de wakkere gans in het dansende riet.

FEBRUARI

BEVROREN KNOPPEN

Het is alweer een weekje warm geweest.
De eenden baden kwakend in de wakken.
Er bungelen, nog klein en wat bedeesd,
al elzenkatjes aan de kale takken.

Gezanten van de lente, wat een feest!
De ganzen gaan er vreugdevol van gakken.
Degenen die hier bleven nog het meest.
De winterkilte kreeg hen niet te pakken.

De lente lonkt en lijkt niet meer te stoppen.
Maar koning winter is nog niet vertrokken.
De vrieskou is nog lang niet uit de lucht.

De appelbomen barsten van de knoppen,
die zich nog niet naar buiten laten lokken.
Bevroren knoppen dragen zelden vrucht.

SONNET

OVER DE

VERSVORMEN

Bleekblauw bloesemblad
dwarrelt door de lentelucht
en kietelt de klei

HAIKU

De haiku is een gedicht van drie regels. De eerste regel heeft vijf lettergrepen, de tweede zeven en de derde weer vijf. De kunst van het schrijven van een haiku is om met weinig woorden veel te zeggen.

De haiku is bedacht in Japan. Daar kenden ze meer dan duizend jaar geleden al de tanka, een versvorm van vijf korte regels. Ergens in de negentiende eeuw moet er iemand in Japan zijn geweest die dacht: dat kan nóg korter. Zo werd de drieregelige haiku geboren. Het woord haiku bestaat niet in het meervoud. In dit boek staan dus niet vier haiku's, maar vier haiku.

Bijna alle Japanse haiku gaan over de natuur. Over bloemen en bomen, vogels en vlinders, rivieren en beken. In Japanse dichtbundels worden haiku ingedeeld naar de seizoenen. Daarom begint in dit boek elk seizoen met een haiku.

LENTEDANS

Op brekebenen danst het door de wei.
Een knotje witte wol met roze oren.
Omhoog, omlaag, naar voren en opzij.
Een knotje witte wol, vannacht geboren.

De moeder ligt er grijs geworden bij.
Nog even en dan wordt ze weer geschoren.
Op brekebenen danst het door de wei.
Een knotje witte wol met roze oren.

De akkers worden wakker, in de klei
boetseren oude ploegen nieuwe voren.
Nog even en dan wuift hier weer het koren.
Wie vindt dit jaar het eerste kievietsei?
Een knotje witte wol met roze oren!

LENTEKRIEBELS

Vlinders die eerst rupsen waren kruipen
In de warmte van nog bleke zonnestralen
Nieuwsgierig uit hun
Coconnetjes.
Een vroege koninginnenpage vliegt haar
Net ontloken leven
Tegemoet.

Vlijtige bijen vinden in
Amandelbloesem
Nectar zoet als honing.

Gras wordt groen.
Overal schilderen narcissen bermen geel.
Groot hoefblad kleurt oevers roze, en in tuinen geuren
Helderblauwe hyacinten er lustig op los.

GEHAKKETAK

In de bossen
klinkt het kloppen
van de grote
bonte specht,

die een gat gaat
hakketakken
waarin zij haar
eitjes legt.

RONDEEL
(MAART)

Gedichten hoeven niet te rijmen. Ze moeten wel mooi en overtuigend klinken. Dat kan ook door op andere manieren te spelen met klank. Een van die manieren is herhaling, zoals gebeurt in het rondeel. Door sommige regels een paar keer terug te laten komen, zet je je woorden kracht bij.

Een rondeel heeft dertien regels. Na regel vier en regel acht komen lege regels, die het gedicht verdelen in drie strofen (je mag ook verzen of coupletten zeggen). Regel twee, acht en dertien zijn hetzelfde. Daaruit wordt duidelijk waar het in het gedicht om gaat. Door die regels te herhalen wordt wat erin staat benadrukt.

ACROSTICHON
(APRIL)

Het acrostichon wordt ook wel 'naamdicht' genoemd, omdat de beginletters van elke regel – als je ze van boven naar beneden leest – samen een naam vormen. De regels hoeven niet te rijmen aan het eind. Het venijn van het acrostichon zit 'm dus niet in de staart, maar in de kop van elke regel.

De afbeelding bij de maand april is een houtsnede van een tak met amandelbloesem. Het acrostichon bij die maand is een gedicht waarin de naam is verwerkt van iemand die heel beroemd is geworden dankzij zo'n bloesemtak.

SPICHT
(MEI)

De spicht is bedacht door iemand die heel goed rijmende verzen kon schrijven. Hij heette Heinz Polzer, maar zijn dichtersnaam was Drs. P. Op een dag kreeg hij de opdracht om een gedicht te schrijven dat op de rug van een dik boek paste. Een lang en smal gedicht moest het worden. Drs. P ging aan de slag en noemde zijn smalle gedicht 'spicht'. Dat woord past mooi bij de vorm van het vers, zal hij hebben gedacht, want 'spichtig' betekent 'lang en smal'.

De spichten van Drs. P rijmen niet alleen, ze zijn ook heel ritmisch geschreven. Ze lopen goed en lezen lekker voor. Als het om rijm en ritme ging was Drs. P heel streng voor zichzelf. Alles moest kloppen als een specht. Voor de spicht bedacht hij nog iets anders dat moest kloppen. Hij besloot dat de zesde regel moest bestaan uit maar één woord. Dat zie je terug in de spicht bij de maand mei.

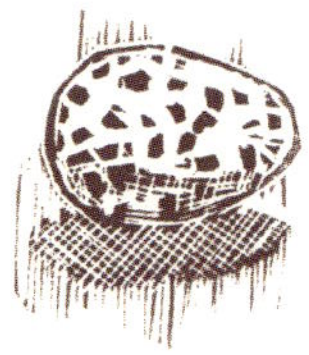

LANGSTE DAG

De zon wil maar niet ondergaan.
Er valt nog veel te veel te zien.
Twee oortjes in het hoge gras,
een reekalf, pasgeboren.

Er valt nog veel te veel te zien
daar in dat hoge, groene gras.
Een reekalf, pasgeboren,
tussen gele boterbloemen

in het hoge, groene gras.
Het ziet zijn moeder vredig grazen.
Tussen gele boterbloemen
kijkt het reekalf naar haar uit.

Het ziet zijn moeder vredig grazen.
Met alert gespitste oren
kijkt het reekalf naar haar uit.
Stil blijven liggen, zei de moeder

met alert gespitste oren,
in de struiken loert de vos.
Stil blijven liggen, zei de moeder,
als het nacht wordt mag je drinken.

In de struiken loert de vos,
twee oortjes in het hoge gras.
Pas als het nacht wordt mag je drinken.
Langste dag, de zon wil maar niet ondergaan…

Zomer
Zinderende hitte
Op verschraalde heide
schuilen schapen in de
schaduw

Beek
Badderend baardmannetje
drie duikende dodaarsjes
en een koor kwinkelerende
vinken

Helder
Geen wolkje
aan de hemel
behalve een dansende wolk
muggen

ZONNEBLOEM

Hoog op haar stengel
overziet zij de akker.
Wiegend in de wind

smeekt zij de grijze wolken:
ga opzij, ik wil zon zien!

PANTOUM
(JUNI)

Het pantoum is een dichtvorm uit Maleisië. Pantoums bestaan uit ten minste twee (maar liefst meer) vierregelige verzen. In ieder vierregelig vers worden twee regels uit het vorige vers herhaald. Aan het eind van een pantoum komen ook nog eens twee regels uit het eerste vers terug. Die maken het gedicht mooi rond.

Ervaren dichters laten pantoums graag rijmen, maar nodig is het niet. Het herhalen van steeds twee regels, zoals in een pantoum, werkt hetzelfde als rijm: het gedicht gaat er mooi van klinken. Bovendien benadrukt de herhaling de inhoud van die regels, net als bij het rondeel.

ELF
(JULI)

De versvorm elf heeft niets met elfjes te maken. Het gedichtje dankt de naam elf aan het aantal woorden waaruit het bestaat: elf. Dat is weinig, maar als je je woorden zorgvuldig kiest kun je er veel mee zeggen. Door het beperkte aantal woorden dat je mag gebruiken heeft de elf meer weg van de haiku dan van een rondzwevend sprookjesfiguurtje.

Een elf kan bestaan uit één zin, maar ook uit korte zinnetjes of losse woorden. Het laatste woord van de elf is vaak een soort conclusie.

TANKA
(AUGUSTUS)

Tanka is Japans voor 'kort vers'. Net als de haiku is de tanka een Japanse versvorm, maar dan bestaande uit vijf regels in plaats van drie. De eerste regel heeft vijf lettergrepen, de tweede zeven en de derde weer vijf. Dan komt er een witregel, en daarna volgen er nog twee regels van zeven lettergrepen.

Je zou kunnen denken dat de tanka een haiku is met twee regels meer, maar de tanka was er eerder dan de haiku, dus het is andersom: de haiku is een tanka met twee regels minder.

De eerste drie regels van een tanka gaan, net als veel haiku, over de natuur. In de laatste twee regels van de tanka wordt beschreven welk gevoel die natuur teweegbrengt. Meestal gaat het dan om het gevoel van de dichter zelf, maar als je de tanka bij de maand augustus leest, zie je dat dat niet hoeft.

WIE

Zwaar hangt de rijpe appel aan haar tak.
Dan valt ze op de grond. Als ik haar pak
zie ik dat iemand mij is voor geweest.
Wie was het die zijn snavel in haar stak?

ONDER DE DEKENS

Oktobermaand. De zon verliest haar kracht.
Een eekhoorn rent geruisloos door het bos.
De blaadjes aan de bomen krijgen rimpels.

Twee vliegenzwammen breken door het mos.
Het meesje pianissimoot zijn pimpels.
De vos kruipt in zijn hol en houdt zich schuil.

Kastanjes worden dof en krijgen dimples.
De roodborst fliereflluit, er roept een uil.
De dag verdwijnt steeds vroeger in de nacht.

De tomeloze zomer heeft zijn langste tijd gehad.
De aarde mag gaan slapen onder dikke dekens blad.

WINTERSLAAP

In mijn veilige bedje van blad
dat ik helemaal zelf heb gemaakt,
in mijn veilige bedje van blad
word ik lekker niet koud en niet nat.
Maakt niet uit of het vriest dat het kraakt,
ik slaap door tot de aarde ontwaakt,
in mijn veilige bedje van blad.

KWATRIJN
(SEPTEMBER)

In de naam kwatrijn hoor je het woord 'kwart' doorklinken. Dat komt van het Latijnse woord voor 'vier'. Als je taart in vieren deelt heb je vier kwarten, een uur bestaat uit vier stukjes van een kwart uur die we kwartiertjes noemen, en een kwatrijn is een versje dat uit vier regels bestaat.

Je kunt alle vierregelige versjes kwatrijnen noemen, of ze nu rijmen of niet. Maar meer dan duizend jaar geleden schreef een Perzische dichter zoveel mooie, rijmende kwatrijnen, dat hij er heel beroemd mee is geworden. Hij heette Omar Khayyam en hij liet de eerste, tweede en vierde regel op elkaar rijmen. De derde regel eindigde anders en rijmde nergens op, want een kwatrijn heeft maar vier regels. Veel vertalers van Khayyams kwatrijnen kozen dezelfde rijmvorm. Daarom wordt de naam kwatrijn nu meestal alleen gebruikt voor vierregelige versjes met dit rijmschema.

ELFTAL
(OKTOBER)

Het elftal is ook bedacht door Drs. P en bestaat uit – hoe kan het ook anders – elf regels die volgens een bepaald schema op elkaar rijmen. Het heeft wel iets weg van het sonnet, maar het is drie regels korter. De regels van een elftal vormen samen een hecht team. Ze klinken niet alleen goed samen, ze lopen ook lekker.

Dichters van rijmende verzen letten vaak goed op de klemtoon van de woorden die ze kiezen. Ze wisselen beklemtoonde en onbeklemtoonde lettergrepen zo af dat de regels van hun gedichten goed lopen, bijvoorbeeld in stukjes van om de beurt één onbeklemtoonde en één beklemtoonde lettergreep: Ok-tó-ber-máánd. De zón verliést haar krácht…
Of andersom: Ín de – bóssen – klínkt het – klóppen – ván de – gróte – bónte – spécht…
Of in stukjes van steeds één beklemtoonde en twee onbeklemtoonde lettergrepen:
Zíe je ze – vliégen, mijn – óóms en mijn – tántetjes…
Die stukjes tussen de streepjes noem je versvoeten. Een toepasselijke naam, want gedichten gaan er lekker van lopen.

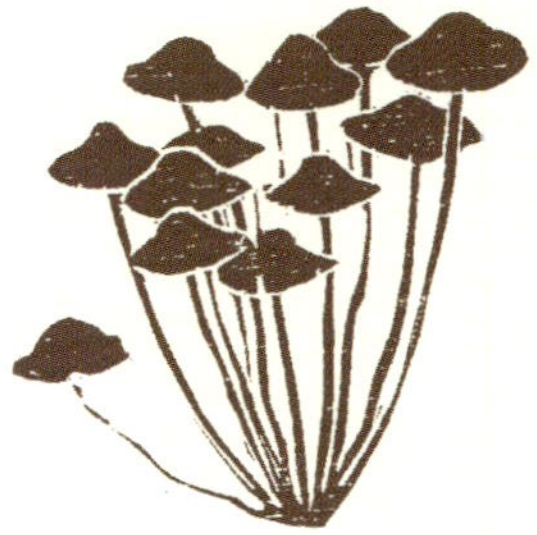

RONDELET
(NOVEMBER)

In een rondelet worden zinnen herhaald, net als in een rondeel en een pantoum. Maar het rondelet is korter en eenvoudiger. Het heeft zeven regels, en de eerste, derde en zevende regel zijn hetzelfde. Als het rondelet een liedje was, zou je de regel die drie keer terugkomt het refrein kunnen noemen.

Bij het maken van een rondelet is het belangrijk om goed na te denken over de eerste regel. Die komt nog twee keer terug en moet op elke plaats in het gedicht goed passen.

THUISBLIJVERS

Zie je ze vliegen,
mijn ooms en mijn tantetjes?
Wij zijn de blijvertjes.
Wij gaan niet mee.

Wij vinden hier onze
winterversnapering:
pindarisotto en
zadensaté.

WINTERLANDSCHAP

Wit
Witter dan wit
Zo wit als de staart van de gans
De sneeuwwitte staart van de gans in de wei
De staart van de grazende gans in de winterse wei.

Zwart
Zwarter dan zwart
Zo zwart als de hals van de gans
De nachtzwarte hals van de gans op het ijs
De hals van de gans in het gitzwarte wak in het ijs.

Grijs
Grijzer dan grijs
Zo grijs als de flank van de gans
De gevleugelde flank van de gans in het riet
De flank van de wakkere gans in het dansende riet.

BEVROREN KNOPPEN

Het is alweer een weekje warm geweest.
De eenden baden kwakend in de wakken.
Er bungelen, nog klein en wat bedeesd,
al elzenkatjes aan de kale takken.

Gezanten van de lente, wat een feest!
De ganzen gaan er vreugdevol van gakken.
Degenen die hier bleven nog het meest.
De winterkilte kreeg hen niet te pakken.

De lente lonkt en lijkt niet meer te stoppen.
Maar koning winter is nog niet vertrokken.
De vrieskou is nog lang niet uit de lucht.

De appelbomen barsten van de knoppen,
die zich nog niet naar buiten laten lokken.
Bevroren knoppen dragen zelden vrucht.

OLLEKEBOLLEKE
(DECEMBER)

Het ollekebolleke is ook bedacht door Drs. P. Het versje lijkt op de spicht, maar telt iets meer woorden en is daardoor net wat minder spichtig. Net als bij de spicht bestaat de zesde regel van het ollekebolleke uit één woord, maar dan van zes lettergrepen in plaats van vier.

Het woord ollekebolleke verklapt het ritme van het gedicht. Alle regels ervan moeten net zo lekker lopen als het woord zelf: ólleke-bólleke. De vierde en de achtste regel van het gedicht horen ook nog eens op elkaar te rijmen.

STAPELVERS
(JANUARI)

Alle versvormen in dit boek zijn ooit een keer door iemand verzonnen, en nog steeds bedenken dichters nieuwe vormen om hun woorden in te gieten. Zo ontstond bij de maand januari in dit boek het stapelvers, een gedicht waarin woorden op elkaar gestapeld worden.

Het stapelvers begint met één woord. In de tweede regel van het gedicht worden aan dat ene woord een paar woorden toegevoegd, en in de derde, vierde en vijfde regel nog een paar. De vijfde regel is de laatste, die is het langst. Door steeds een paar woorden toe te voegen aan het beginwoord, wordt langzaam maar zeker duidelijk waar het in het gedicht om gaat.

Stapelverzen rijmen niet. Het schrijven ervan is een fijne, niet al te moeilijke manier om te spelen met taal.

SONNET
(FEBRUARI)

Een sonnet is een gedicht van veertien regels. Welke regels op elkaar rijmen en waar de witregels zitten verschilt. Meestal bestaat een sonnet uit vier strofen, eerst twee van vier regels en dan twee van drie regels. Maar het mag ook anders, als het alles bij elkaar maar veertien regels zijn.

Sonnetten danken hun naam aan het Latijnse woord *sonare*, dat *klinken* betekent. Sonnetten worden ook wel *klinkdichten* genoemd. Ze moeten klinken als liedjes, en steeds twee regels aan het eind op elkaar laten rijmen helpt daarbij. Maar je kunt ook midden in de regels woorden gebruiken die qua klank op elkaar lijken. Dat noem je binnenrijm. Of woorden gebruiken die met dezelfde letter beginnen. Dat heet alliteratie – er zit het woord 'letter' in verstopt – of beginrijm. Ga in dit boek maar eens op zoek naar voorbeelden van deze rijmvormen.

Nederlands letterenfonds
dutch foundation
for literature

Deze publicatie is mede dankzij financiële steun van het Nederlands Letterenfonds tot stand gekomen.

Kijk voor meer leuke kinder- en jeugdboeken van de Gottmer Uitgevers Groep op www.gottmer.nl

TWEEDE DRUK 2024

Uitgeverij J.H. Gottmer / H.J.W. Becht BV
Postbus 317, 2000 AH Haarlem (e-mail: info@gottmer.nl)
Uitgeverij J.H. Gottmer / H.J.W. Becht BV maakt deel uit van de Gottmer Uitgevers Groep BV
VORMGEVING: Lenaleen/Leentje van Wirdum

ISBN 978 90 257 7836 1
NUR 290, 292

MIX
Papier | Ondersteunt verantwoord bosbeheer
FSC® C129413